皇帝怎么玩

《紫禁城》杂志编辑部◎编

故宫出版社

图书在版编目（CIP）数据

皇帝怎么玩 /《紫禁城》杂志编辑部编 . —北京 : 故宫出版社 , 2019.1（2021.6 加印）

ISBN 978-7-5134-1177-6

Ⅰ . ① 皇… Ⅱ . ① 紫… Ⅲ . ① 社会生活—中国—古代—通俗读物 Ⅳ . ① D691.9-49

中国版本图书馆 CIP 数据核字（2019）第 002277 号

皇帝怎么玩

出版人：王亚民

责任编辑：周利楠　崔月姣　关键

设计：王梓

出版发行：故宫出版社

地址：北京市东城区景山前街4号　邮编：100009

电话：010-85007800　010-85007817

邮箱：ggcb@culturefc.cn

制版：北京印艺启航文化发展有限公司

印刷：北京启航东方印刷有限公司

开本：889毫米×1194毫米　1/16

印张：13

版次：2019年1月第1版

2021年6月第2次印刷

印数：6001~10000册

书号：ISBN 978-7-5134-1177-6

定价：86.00元

目录

第一章

忙里偷闲的皇帝

皇帝拥有帝国最高的权力，在娱乐上穷奢极欲，不惜举全国之力，其游娱活动往往规模大、花样多。巍峨宫墙造成的中国宫廷的封闭性和礼仪制度所形成的约束性，使得宫内的皇帝及其家庭成员有一种强烈的压抑感，为了抗拒这种压抑感，皇帝便在宫中极尽娱乐和奢华，常使庄严肃穆的宫殿变成欢乐的场所。

才情技艺

娱乐对于中国皇帝来说，是一种无可遏制的追求，是其本能冲动的欲望。观察中国宫廷的娱乐，可以窥视中国传统社会的特征和实质。在历代宫廷中，音乐、舞蹈都是必不可少的娱乐项目。西汉宫中，协律都尉李延年的妹妹「一顾倾人城，再顾倾人国」的绝美长相和舞蹈，使汉武帝为之倾

五代　顾闳中　韩熙载夜宴图卷（局部）

宫廷玩什么？

中国宫廷的娱乐活动内容丰富，形式多样，大致可分文艺、体育和动物娱乐三大类。文艺有舞蹈、音乐、戏剧、杂技、魔术、书画等类，体育娱乐有角抵、投壶、举重、田猎、棋类、球类、水戏等项，动物娱乐则有飞鹰、走狗、斗鸡、斗蟋蟀等属。

唐 陶舞蹈女俑（一组）

心。唐代长安宫中，杨玉环以一支霓裳羽衣舞，让唐玄宗痴迷不已。正像白居易《长恨歌》中所描述的：「缓歌慢舞凝丝竹，尽日君王看不足。」从汉武帝到陈后主，从唐明皇到宋徽宗，都对音乐舞蹈听不厌、观不倦。

唐 陶舞蹈男俑

唐昭陵陪葬墓燕妃墓壁画中的二女伎对舞图

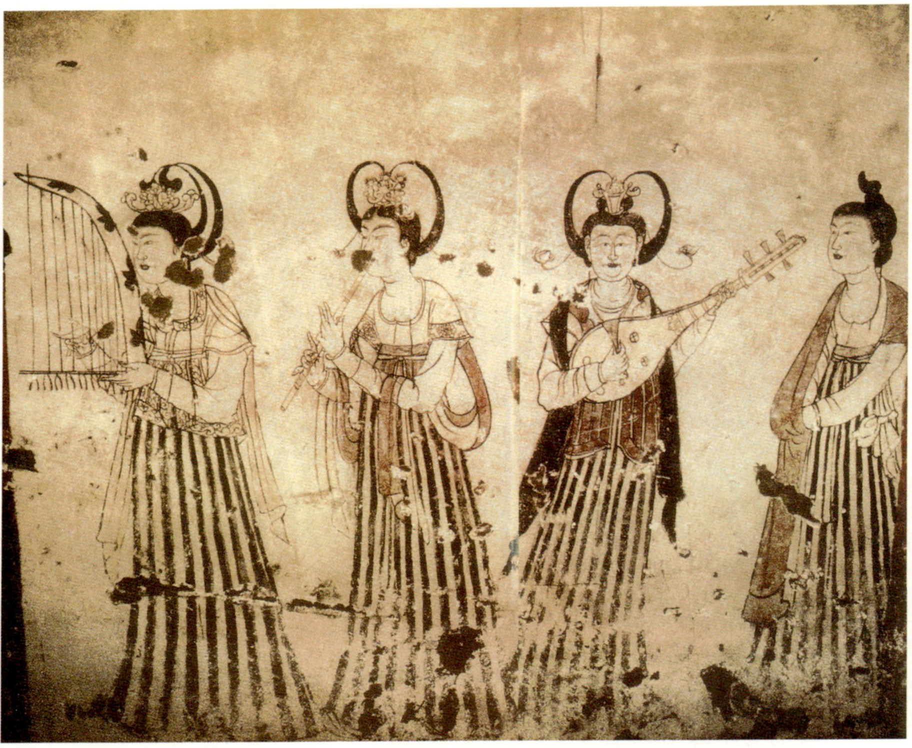

唐昭陵陪葬墓燕妃墓壁画中的奏乐图

唐太宗与《秦王破阵乐》

《破阵乐》《庆善乐》《上元乐》是唐代宫廷乐舞三大支柱，唐太宗身体力行地制作了《破阵乐》乐舞（即《秦王破阵乐》）。据《旧唐书·音乐志》载：「《破阵乐》太宗所造也。太宗为秦王之时，征伐四方，人间歌谣《秦王破阵乐》之曲。」《唐会要·破阵乐》载：「宴群臣，奏《秦王破阵乐》之曲。太宗谓侍臣曰：『朕昔在藩邸，屡有征伐，世间遂有此歌，岂意今日登于雅乐。然其发扬蹈厉，虽异文容，功业由之，致有今日，所以被于乐章，示不忘本也。』」于是，唐太宗在民间歌谣《秦王破阵乐》的基础上，令魏徵、虞世南、褚亮、李百药改制歌词，并改名为「七德之舞」。然后又着手描绘《秦王破阵乐》的舞图，「左圆右方，先偏后伍，鱼丽鹅贯，箕张翼舒，交错屈伸，首尾回互，以象战阵之形」。随后诏命当时精通音乐的起居郎吕才制订音律，并依据舞图教习表演人员。此后《秦王破阵乐》被广泛地应用在宫廷重要的国宴或外交活动之中，以期借助乐舞威仪彰显大唐国威。

戏剧的早期形式是俳优戏，五代时在宫中开始流行。后唐庄宗李存勖最喜爱俳优戏，常以票友身份粉墨登场，与优伶同嬉。宋代，杂剧和南戏兴起，杂剧甚至成为宋代宫廷教坊音乐十三部中的唯一「正色」。徽宗在亲王大臣入宫为其祝寿时，令人搬演杂剧以招待众臣。清代京剧兴起后，宫中娱乐活动中的重头戏则由京剧来承担。杂技魔术主要出现在两汉至隋唐的宫中。唐睿宗对来自西域婆罗门国的杂技表演颇为着迷。白居易在《立部伎》一诗中，描写了唐代宫廷杂技演出的盛况。

立部伎

立部伎，鼓笛喧。舞双剑，跳七丸。袅巨索，掉长竿。太常部伎有等级，堂上者坐堂下立。堂上坐部笙歌清，堂下立部鼓笛鸣。笙歌一声众侧耳，鼓笛万曲无人听。立部贱，坐部贵，坐部退为立部伎，击鼓吹笙和杂戏。立部又退何所任，始就乐悬操雅音。雅音替坏一至此，长令尔辈调宫徵。圆丘后土郊祀时，言将此乐感神祇。欲望凤来百兽舞，何异北辕将适楚。工师愚贱安足云，太常三卿尔何人。

——唐·白居易

宋人绘　杂剧册页之「眼药酸」

画面中一人扮作「眼医」，头戴皂色高帽，着橙色宽袍，伸出右手，食指直立，拇指朝前，对着右边人物，全身挂满绘有眼睛的「幌子」，斜背的药袋上装饰着更显眼的大眼，似是江湖郎中打扮。另一人左肩负「杖」，腰后插一破扇上草书「诨」字，头巾扎作冲天状，圆领青衫，衣角扎入腰带，袖撸至肘，有意露出手臂的「点青」，一副市井打扮。

宋人绘 杂剧册页之「打花鼓」

至于诗文书画娱乐，主要是像魏武帝、唐太宗、宋徽宗、明宣宗这样有才情技艺的爱好者之休闲活动。对于长期闷处宫中的大多数帝王后妃来讲，体育娱乐无疑是他们锻炼身体和愉悦性情的绝佳手段。

宋 赵佶（宋徽宗） 听琴图轴及其局部

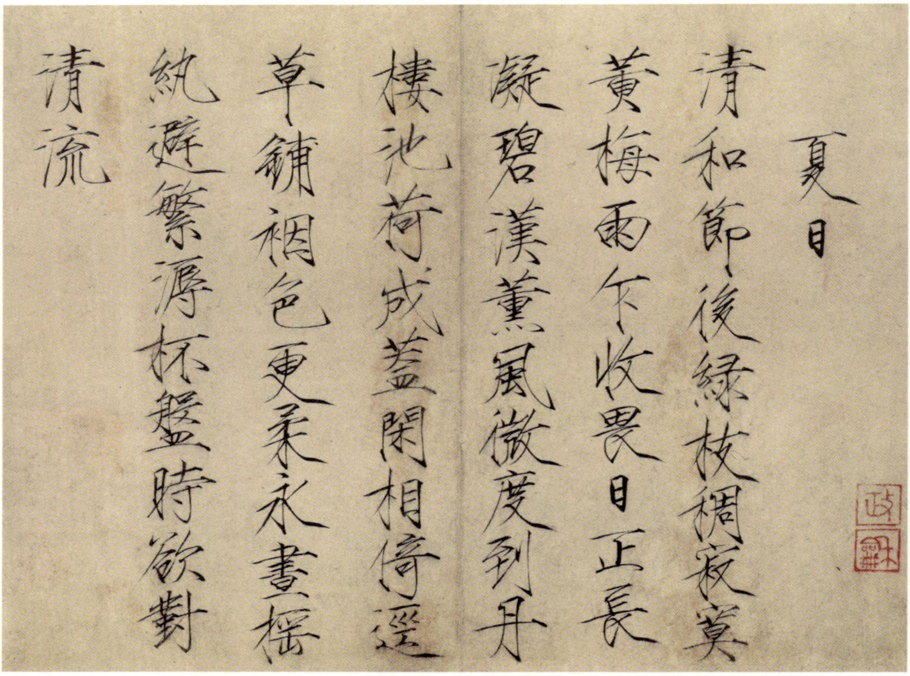

宋 赵佶（宋徽宗） 行书夏日诗页

明 朱瞻基（明宣宗） 三鼠图（局部）

明 朱瞻基（明宣宗） 三鼠图（局部）

明 朱瞻基（明宣宗） 三鼠图（局部）

力量角逐

角抵戏（后称相扑）是宫中较早出现的娱乐形式。周天子每于孟冬之月都要观阅将帅角力。秦武王和秦二世都在宫中欣赏过角抵表演。好大喜功的汉武帝对角抵戏最为偏爱。元封三年春天，他在长安举行了一场大规模的角抵比赛，结果三百里内无论官民

明代版刻图绘之「角抵图」

清人绘　弘历（乾隆皇帝）塞宴四事图

清人绘 弘历（乾隆皇帝）塞宴四事图（局部）

男女，皆来观看，万人空巷。魏武帝曹操下令将角抵相扑列入百戏之中，作为王宫必备的娱乐活动。吴末帝孙皓尤爱看女子角抵，令宫女头戴金步摇，裸体相扑。后赵皇帝石勒、北魏皇帝拓跋珪等北方游牧民族的统治者更是喜爱角抵之戏。

投壶是流行于春秋战国至魏晋南北朝时期宫廷中的一种娱乐形式。春秋时期，晋侯因为齐侯来访，令大臣中行穆子与齐侯相互投壶以助酒兴。汉武帝对于精研投壶技术的郭舍人，经常会赐以金帛。魏文帝曹丕与王弼、邯郸淳等著名文士投壶取乐。南齐武帝萧赜曾特召高手柳恽入宫投壶。

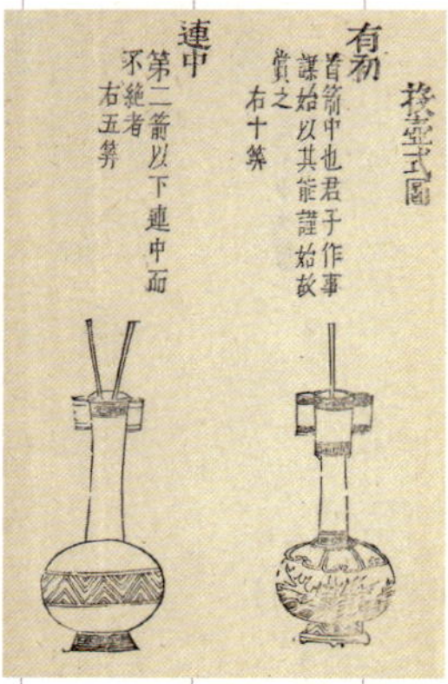

明代版刻图绘之「投壶式图」

明人绘 宣宗行乐图之「投壶」

汉武帝喜爱的投壶

投壶，即以特制的壶为目标，月箭投掷，以投中之多寡决胜负。本为古代宴会上的礼仪形式，汉以后演化为游戏。汉代，投壶发生了重大改进，省去了繁缛的礼节，注重投掷的技巧，使这种游艺具备了更强的娱乐功能，且增加了趣味性。汉武帝很喜欢投壶。其时，有郭舍人善投壶，改用竹制的箭矢，不再使用带皮的柘枝，而且壶中不再实以小豆。原本充填小豆是为了防止箭矢反弹出壶，今不仅不实小豆，还有意令矢击壶而反弹，反弹之后再接矢在手，谓之「骁」。郭舍人可达「一矢百余反」的程度。

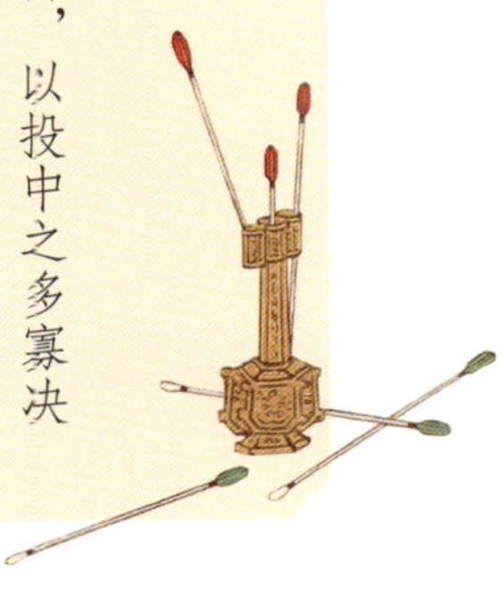

清　铜投壶

明人绘 宣宗行乐图之「投壶」（局部）

风流箭，中的人人愿

唐敬宗曾创名为「风流箭」的游戏，是以纸做成箭，竹皮做成弓，纸箭中密贮龙麝末香，每当宫嫔群集时，便用箭向人群射去，中箭的人浓香触体，没有一点疼痛，宫女们作谣道：「风流箭，中的人人愿。」

清 喻兰 仕女清娱图册（八开选一）

球戏（包括蹴鞠、马球、踏球、捶丸等）运动是宫廷娱乐的重要形式。蹴鞠从西汉至明朝，都是宫中不可或缺的娱乐活动。汉武帝游观三辅离宫时曾蹴鞠为乐。魏武帝曹操常将蹴鞠手孔桂带在身边，随时观其踢球。唐宋宫中，蹴鞠之风依然不减，宋太祖赵匡胤、宋徽宗赵佶都迷上了蹴鞠。徽宗因高俅善蹴鞠而将他要到身边，扶其青云直上。

明人绘 宣宗行乐图之「射箭」

明代版刻图绘之「蹴鞠图」

足球的前身

早在《战国策》中就有「蹴鞠」的记载,「蹴」有「踢」之意,而「鞠」即为球。汉时蹴鞠所踢之球为实心球,唐代改为有球皮和球胆的充气皮球。唐徐坚《初学记》云:「鞠即球字,今蹴鞠曰戏球。古用毛纠结为之,今用皮,以胞为里,嘘气闭而蹴之。」蹴鞠规则与现代足球大致相似,可以算是足球的前身。据《文献通考》卷一四七载:「植两修竹,高数丈,络网于上,为门以度球。球工分左右朋,以角胜负。」唐朝在长安大明宫、梨园、华清池都修建了蹴鞠场地。

明人绘 宣宗行乐图之「蹴鞠」及其局部

马球主要流行于唐代宫中，长安宫城内的球场亭、西苑的梨园、大明宫的东内苑、龙首池、麟德殿、清思殿、中和殿以及飞龙院、雍和殿等处都筑有球场。太宗曾派人到西番学习打马球的技术，高宗因头晕病不善此道，但其太子李贤却极爱马球运动。中宗李显酷爱马球导致「风俗相尚」。玄宗、宪宗、穆宗、敬宗、武宗、宣宗和僖宗都热爱马球娱乐。尤其是唐宣宗李忱，每月都要与王侯们在宫中打马球，且球技颇高，打马球蔚然成风。

明人绘 宣宗行乐图之「打马球」

马球怎么做？

打马球，也称「打球」、「击鞠」。所用马球是用质轻韧性好的木料制成，空心或实以柔物，球大若拳，外涂红漆，彩绘花纹，亦称「彩球」、「画球」、「七宝球」、「珠球」。

马球怎么玩？

打马球时，需在马上持鞠杖击球，往来驰逐，以先得球而击过球门者为胜，因此打马球不仅要练球技，还要习马术。

明人绘　宣宗行乐图之「捶丸」及其局部

马球运动从哪里来？

经学者考证，马球运动可能起源于波斯，然后传到西域，再传到长安。向达先生在《唐代和长安与西域文明》中就写道：「波罗球（即马球）传入中国，当始于唐太宗时。唐以前书只有蹴鞠，不及打球，至唐太宗，始令人习此。」唐人封演《封氏闻见记》卷六「打球」篇也记载：「太宗御安福门，谓侍臣曰：『闻西番人好为打球，比亦令习，会一度观之。昨升仙楼有群番街里打球，欲令朕见，此番疑朕爱之，骋为之。』」唐代初年，突厥、吐谷浑与唐的边境战争时有发生，唐太宗认识到要和这些游牧民族作战，必须有强大的骑兵部队。在唐太宗看来，具有竞技性和娱乐性的马球是训练骑兵的最好手段，通过打马球能提高骑马技术，从而有利于加强军队战斗力。

新疆阿斯塔纳唐墓出土的《仕女弈棋图》绢画

棋戏是活动大脑的运动，在历代宫中都很流行。

汉高祖刘邦曾与戚夫人弈棋共娱。晋武帝司马炎技痒难耐，经常缠着中书令张华与之对弈，甚至连前线军情急报都顾不上拆阅。南北朝宫廷中，围棋是须臾不可暂离的游戏。宋武帝刘裕、文帝刘义隆、明帝刘彧、齐高帝萧道成、武帝萧赜、梁武帝萧衍等都好此道，他们经常将围棋高手召进宫来对弈，还将围棋高手评定品级，分为九品，或将围棋棋局制成棋谱。唐高祖、武则天、玄宗、僖宗等都喜下围棋。玄宗曾与围棋名将王积薪对棋，称棋

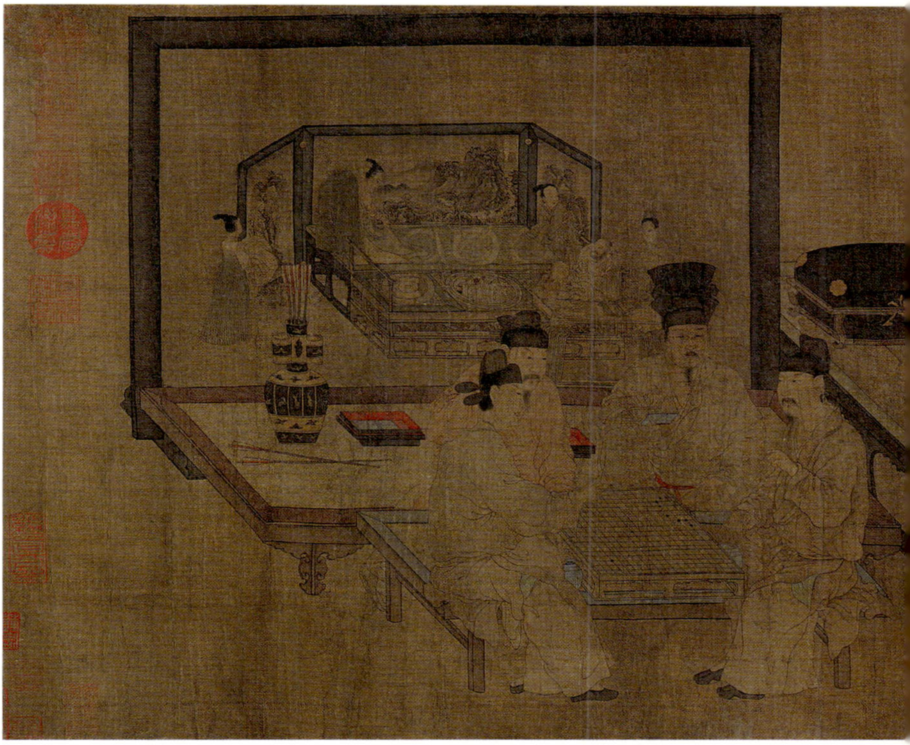

五代 周文矩 重屏会棋图卷

图中可见五代时人下围棋景况，屏前还置一投壶。

元人绘 荷亭对弈图页

清　白玉碧玉围棋子及棋盘

清人绘　奕詝孝钦显皇后弈棋图轴（局部）

盘为「方亭侯」。安史之乱爆发后，他仓皇逃往四川，顾不上文武大臣，却不忘带走棋待诏（围棋手）。南唐君主李璟、李煜也下得一手好棋。宋太宗听说潘慎修善弈，便将其召进宫来共弈，觉得找到了知音。宋徽宗痴爱围棋，吟有「忘忧清乐在枰棋」诗句。明太祖曾召围棋名将相子先和楼得达入宫对弈，赏胜者冠带，燕王朱棣受父命与相子先对弈，竟赢了两局。清代康、雍、乾诸帝皆尚好围棋。

象棋是对军事战争的模仿，起源很早，但直到唐代才开始流行。据传北周武帝宇文邕爱下象棋，

清 青玉碧玉象棋

曾制《象经》为百僚讲解象棋之法。唐太宗时，召太子洗马蔡元恭和吕才二人破解《象经》，至此，唐朝宫廷终于有了此项娱乐。武则天就酷爱下象棋，曾自创「大胜棋谱」。唐玄宗与杨贵妃也常对弈象棋。到了明代，明仁宗朱高炽在做太子时即爱下象棋，一次与人对弈连赢数局，高兴之余还令状元曾棨赋诗：「两军对敌立双营，坐运神机决死生……兴尽计穷征战罢，松阴花影满棋枰。」清代乾隆时期象棋仍在宫廷盛极一时，帝后臣公都精通此道，但清朝后期却不再流行。

玩物怡情

宫中豢养动物，或狮、虎、豹、熊、大象、长颈鹿等以供观赏，或放鹰、赛狗、斗鸡、斗蟋蟀以供游乐。郑和下西洋后，永乐和宣德宫中曾豢养诸多由西洋、南洋进贡的珍禽异兽，但这些动物皆渐遗散或死亡，宫廷动物娱乐转向斗鸡、斗蟋蟀等。

清 贺清泰、潘廷璋合绘 贡象马图卷（局部）

明　商喜　朱瞻基行乐图

图绘明宣宗朱瞻基游猎的情景。

明人绘　婴戏图

清人绘　旻宁行乐图轴（局部）

清人绘　行乐图卷

斗鸡早在西周宣王时便流行于宫中。汉成帝刘骜酷爱斗鸡，曾从交趾等郡获得几只长鸣鸡，不仅每次鸣叫都与时计刻漏分毫不差，而且英勇善斗，深得成帝喜爱，其微服私游时也带着斗鸡随时戏玩。南齐皇帝萧昭业曾密令郡县贡鸡入宫，数量竟达数千只。唐代宫

晋 青釉鸡笼

西晋 青瓷鸡笼

明人绘 朱瞻基斗鹌鹑图轴

中斗鸡之风更盛，李白「斗鸡金宫里」的诗句便是对其盛况的描写。玄宗在大明宫和兴庆宫之间修建鸡坊，畜养上千只斗鸡。斗蟋蟀从唐至清在宫廷经久不衰。唐代宫内的嫔妃们喜欢在秋天养蟋蟀，用小金笼装着，放在枕边听其鸣叫；而宫内的小皇子则让蟋蟀相斗取乐。南宋理宗赵昀也好此不疲，常与宰相贾似道相互斗蟋蟀取乐。明宣宗朱瞻基也尤爱此道。而南明弘光帝朱由崧偏安南京后竟也曾一掷千金豪赌斗蟋蟀……

明人绘　明皇斗鸡图（局部）

清　品蓝色斗鸡纹广缎（局部）

中国传统儒家伦理下的娱乐规范是庄严肃穆、远离优伶、不轻易娱乐。在此环境下，有些皇子在获得最高权力之前，常常在娱乐上不事张扬或只敢暗中进行，而一旦大权在握，则公然与娱乐伦理相抗衡。隋炀帝杨广在做皇子时，得知父皇杨坚将至自己的府第，便在琴上洒上尘灰，让侍女换上粗

清 青花斗鸡纹盘

明万历　五彩海水云龙纹六棱蟋蟀罐

清人绘　婴戏图册页

娱乐中的「正能量」与「负能量」

中国古代宫廷娱乐活动具有正负两方面的功能与作用。帝王娱乐如果有度、适中，则会发挥出正能量，愉悦身心、造福家邦；如果娱乐无度，则会产生可怕的负能量，对国家和社会会起到巨大的破坏作用。

旧的裙服，表示不常娱乐。但当他获得杨坚信任，继承皇位后，便肆意娱乐，对大臣的强谏和萧后的婉谏都置之不理，最后葬身烟花之地江都。娱乐是人类的天性，身居九重深宫的皇帝不可能整天批阅奏章而不从事娱乐，为了突破儒学重围，便与身边的宦官建立娱乐同盟，与儒臣展开周旋。而儒臣则利用帝国的远大目标和基本国策，对君主和宦官短视的娱乐行为展开围堵和抗争……中国古代的宫廷娱乐便在这种人性的扩张与伦理的拒斥所形成的张力中展开着，进行着。

第二章

皇帝的童年

在清代的紫禁城，为了让年幼的皇子们享受到童年的欢乐，清宫采买、制作了大量的玩具供皇子们玩耍。这些玩具种类庞杂，既有中国传统玩具，也有很多购买自西方的玩具。各式各样的玩具伴随着清宫的小主人一起成长，也为我们打开了另一扇认识宫廷娱乐生活的窗子。

随时而乐

宋人绘　货郎图轴

自古以来，中国都是一个农业大国，掌握节气至关重要。不同时节做什么事，举行哪些活动渐成习俗，各项娱乐活动应运而生，应节应景的玩具也相继问世。正月十五元宵节打太平鼓、玩花灯，清明时节放风筝、荡秋千、抖空竹，端午龙舟竞渡，七夕穿针乞巧，中秋赏月拜兔儿爷，重阳时节斗蟋蟀，数九天点画九九消寒图。在时节风俗上宫廷与民间一致，但其相关器物用度往往更加考究。

宋人绘　蕉石婴戏图册页

宋人绘　小庭婴戏图页

明人绘　春景货郎图轴

清　焦秉贞　仕女图册页之「打秋千」

清　秋千

清　空竹（两件）

清人绘

婴戏图册页（八开选一）

传教士眼中的中国宫廷玩具采买

他们（太监）为找中国玩具已把城里搜了个遍，去过所有的集市，到过所有的玩具店，把那些特地为皇帝制作的精品高价买了来。……有啼鸣的公鸡和咕咕叫的母鸡，汪汪叫的狗和哇哇哭的孩子，八音球和八音车，鼓角、空竹和帐篷，还有布狗和布猫，骆驼、大象和猛虎，以及林林总总、数以千计的其他玩具……

——［美］何德兰《慈禧与光绪：中国宫廷中的生存游戏》

清　缂丝婴戏图轴

康熙皇帝的八子允禩在《上书房消寒诗录》中有咏《太平鼓》诗：「六街击鼓散春声，茧纸团圆熨贴平。不比花腔传乐府，只需信手打愁城。饧箫远近来相合，竹马前头韵自迎。腊后大酺刚十日，果然雨点落轻轻。」非常形象地描绘了冬日京师玩太平鼓的景象。太平鼓又名年鼓，「铁为圈，木为柄，柄系铁环，圈冒以皮，击之冬冬然，名『太平鼓』。京师腊月有之，儿童之所乐者」。柄下挂

数串金属环，舞动时可发出清响，玩时且击且舞，亦可唱「太平歌词」。每遇腊月时节至来年正月，数十天年节庆典里太平鼓声不断，《弘历元宵行乐图》中也可见儿童舞太平鼓的形象，只是与标准形制相比少了鼓柄与铁环。

清人绘　庭院游戏图轴及其局部
面带笑容、穿蓝色便服的大阿哥正要点炮竹，一边红袍绿褂有点害怕又好奇的小公主，左手所持的正是太平鼓。太平鼓面中心饰福寿（蝙蝠寿字）纹，公主右手持小槌以击鼓。

清人绘　弘历元宵行乐图轴及其局部

清人绘　弘历元宵行乐图轴（局部）

清人绘　婴戏图页

清人绘
弘历（乾隆皇帝）
岁朝行乐图轴

明　宋旭　货郎图轴

清明时节春风习习，正是放风筝的好时机。档案中有「乾隆八年二月二十一日……太监高玉交福禄寿风筝一个，蝴蝶风筝一个，魁星风筝一个」的记载。清宫制作的风筝用料造型与民间风筝基本相同，但也有独特之处。故宫博物院现存数件清晚期风筝实

清　纸鲶鱼式风筝
风筝上绘有海水江崖、宫殿及仙鹤等纹样。

清 纸龙式风筝

物，质地或纸、绢或绫子，造型有龙、蝴蝶、鲶鱼，但在主体图案上往往再装饰如海水江崖、龙纹、宫殿等皇家独有的图案。除此以外应该还有一种字形风筝，在宫廷画师所绘《旻宁行乐图》中可见。

清明

红杏都含宿雨润，绿杨不动晓风轻。
纸鸢竹马儿童戏，鸠杖莺衣父老迎。
——爱新觉罗·弘历

清人绘　昃宁行乐图轴（局部）

空地上三名年幼皇子正在放风筝，风筝的形状是现存实物中所不见的红色「福」字和绿色「寿」字。

明人纪坤《花王阁剩稿》中记：「京中秋节多以泥抟兔形，衣冠踞坐如人状，儿女祀而拜之。」可知兔儿爷最初是人们将月宫中的玉兔人格化、形象化为泥塑，在祭月时祭拜所用。到清代兔儿爷变成了典型的节令儿童玩具，不但风靡，而且种类繁多。晚清宫廷为小皇帝准备的彩塑兔儿爷，造型

不拘，大者高五十多厘米，小的不足十厘米，人脸人身，「三瓣嘴」，长耳朵，个个手持捣药杵，身披红袍，外着铠甲，神采奕奕。有的骑鹿骑虎，有的为便于儿童手握而将兔儿爷的「坐骑」塑成坐堆，上饰色彩艳丽的花朵。这些实物现在看来依然鲜亮，充满浓郁的生活气息。

清 泥兔儿爷（两件）

角色扮演

儿时「过家家」的游戏与现实生活最为贴近，最受小孩子的欢迎。清宫旧藏生活类文物中居然也有许多「过家家」的小玩具，均模仿自生活中实用的家具、工具、炊饮用具等等，如小瓷茶具，成套「西洋」铜累丝小桌椅，藤编小篮子，

清 铜镂雕四足小圆桌

清 铜镂雕小椅子（四件）

清　小茶具（四套）

清　藤编小篮子（三件）

竹制船形鸟笼、小纺车等。这类玩具大多是从市场上采买，也有造办处所制。小纺车的手摇把柄和传动的纺轮非常精细，甚至可以进行简单的缠线。小银船，船形鸟笼等构造复杂，堪与手工艺品媲美。另有时代可能更晚、明显是舶来

清 竹船式鸟笼

清 竹纺车模型

的洋铁带轨道小火车、小飞机模型，也是真实娱乐生活的写照，虽然进入宫廷的具体时间已不可考，但一定是当时市面上的「时新玩意」。

清 泥戏人（四件）

泥质小玩偶在中国历代儿童中风行，以廉价粘土手工制作，方便易得，小巧可人，颜色鲜艳，造型有各种人物、动物甚至小型建筑，便于抓握玩要又有趣味性。从清宫遗存来看，这些泥偶人同样深得皇家子孙的喜爱，其中泥戏人不但制作精良，数量也有几十件之

多。清代宫廷娱乐生活离不开戏，尤其清朝晚期咸丰皇帝与慈禧对戏曲痴迷，宫中戏曲泥人收藏丰富与之不无关系。这些人物刻画细腻，多模仿舞台角色，在造型上应都与真实戏出一一对应，其制作者也必是懂戏之人。此外，玩具藏品中另有各式明显具有现代感和西洋风的木偶。

清　泥戏人（三件）

清　傀儡戏人（两件）

清　木板人

清　泥人

清　木制小丑（两件）

清 木制骆驼、狗

清 铜钱编狮子（两件）

清 泥制动物（三件）

益智猜谜

玩具里必备的「益智」类清宫里也有，皇帝后妃玩的围棋、象棋、纸牌自不必说，还有小皇子们也玩得不亦乐乎的蒙古棋，可以学知识的动物纸牌、七巧图，甚至还有来自英国和法国的积木、金属插件拼接玩具。这类玩具锻炼逻辑，启发思维，关键是可以「边玩边学」，融娱乐学习于一处。

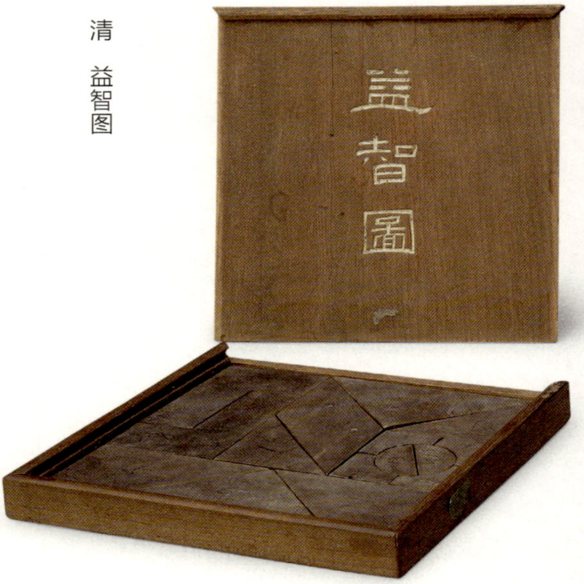

清 益智图

清 七巧图

清 木彩漆棋子

清 纸扑克牌

清 法国产积木

清　英国产积木

清朝作为中国最后一个专制王朝，其宫廷的娱乐生活也体现了时代的特色，反映在玩具上，民间与皇家杂糅、传统与外来交融，却也正是现实的写照。

清　小床及洋娃娃

此件娃娃四肢可动，眼睛可眨。专门配有软垫小床，外面罩有幔帐装饰，非常精致。当时进入宫廷的洋娃娃主要来自德国、荷兰、法国等地，从娃娃的样貌、服装、发式以及幔帐样式看，制作者应是专为符合中国传统审美而特别设计。

清　小银船（一套三件）

小船为中国传统样式，船体还有突出的麒麟、摩羯纹饰，船舱楼阁有中式窗，在船底有轱辘，船尾可上弦，很可能是一件可以在地上跑的玩具船。

清 洋铁模型飞机

清　洋铁轨道小火车

清代张德彝编撰的《欧美环游记》中对英国伦敦出售玩具火车有如下描述：「本港卖有火轮车式。车长七寸，宽三寸，高五寸，质系黄铜，烟筒、轮机、水管、煤槽各器皆备，与大车无异。另一木圈，周约丈许，上按铁辙如环行。欲演其车，即燃酒以代煤，令水沸激，轮自能驰绕木圈之上。」这件玩具火车与描述大体相同，只是轨道非木质而是铁质，节节轨道通过两端设置的插孔衔接。

清　小风扇（两件）

模拟真风扇，左侧一架为铜质木柄，大小比手掌略大，捏合手柄扇叶即可转动；右边玳瑁花色风扇内有齿轮，下衔金属按钮，向上推动按钮，齿轮带动扇叶即可扇风。

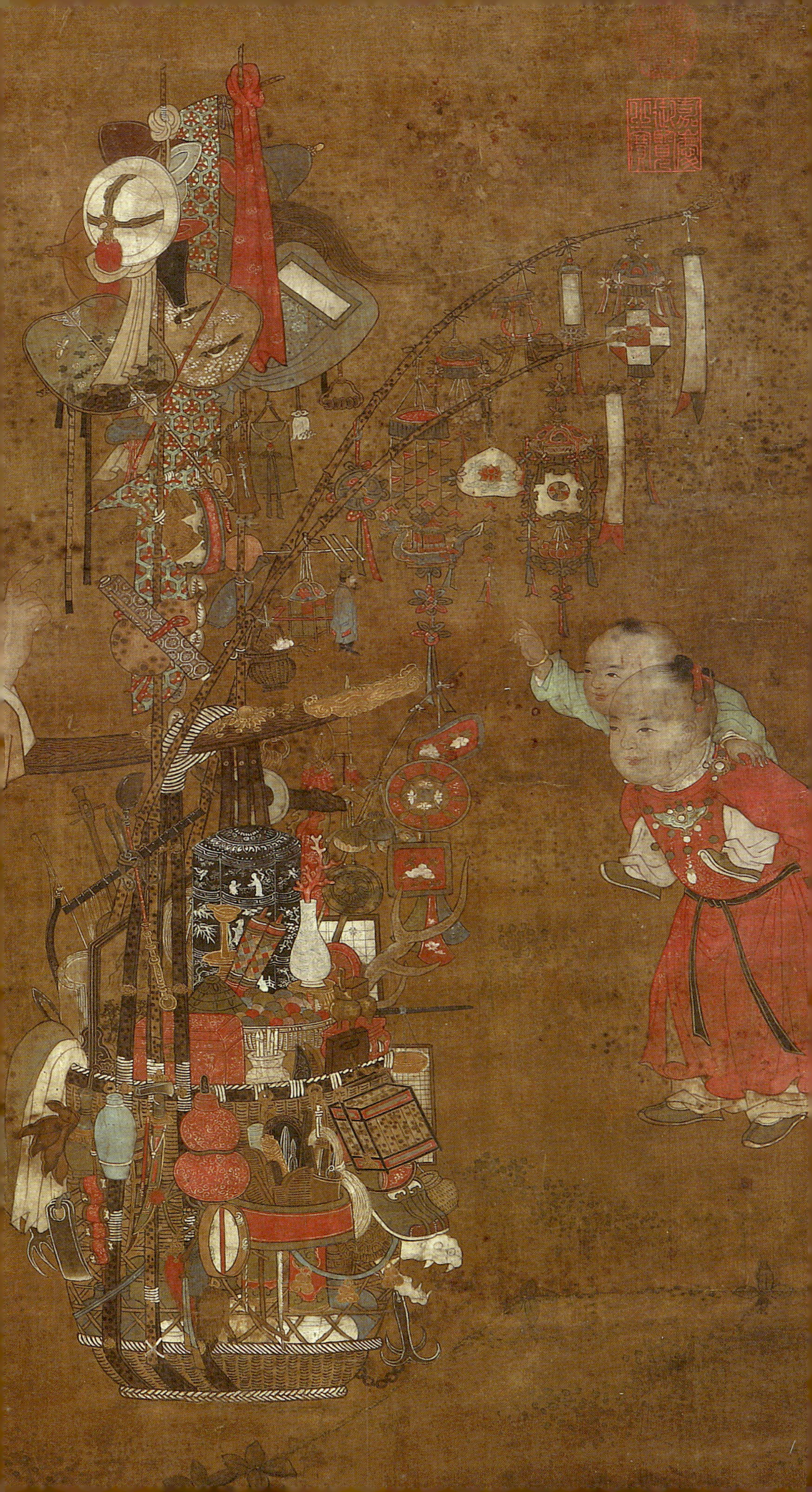

第三章

皇帝的玩具

无论古今，皇帝也是人，游戏娱乐使得被神性美化和包裹着的帝王更多了几分「人气儿」，由人到物再由物及人，想不想看看皇帝们的各式玩具？从唐太宗喜欢的围棋、武则天爱玩的双陆到明宣宗痴迷的斗蟋蟀、乾隆皇帝宝贝的泥人儿，皇帝至高的身份似乎决定着他们的玩具必然是最丰富、最多样、最新奇的——果真如此吗？还是让我们带着问题热闹到底，一起来看看吧。

各有所爱的皇帝

唐 阎立本 步辇图卷（局部）

博弈类游戏是古代宫廷中较为普遍的娱乐项目。具体来说，可以进一步细分为两大类。其一，偏重于「博」的活动，包括掷骰或掷骰后行棋决输赢的双陆、投壶等。其二，偏重于「弈」的活动，如围棋、象棋等。不过「博」与「弈」没有明显分界线，因此往往通称为博弈。

据史书记载，唐太宗是一名围棋高手。唐人杜光庭所著《虬髯客传》中，曾记述一段李世民与虬髯客「棋决雌雄」的故事。相传有位虬髯客欲与李世民角逐中原，争夺天下。在晋阳令刘文静的引见下，两人以棋会友，决一雌雄。据说，虬髯客拿起棋子，在棋盘的「星位」上连摆四子，并说：「老虬四子占四方！」即使虬髯客气势如此嚣张，但唐太宗却沉静果断，不慌不忙地拿起一子，摆在棋盘的「天

清　白玉碧玉棋子

清人绘　胤禛妃行乐图轴（十二轴选一）

元」上，并若无其事地说：「小子一子定乾坤！」仅此一子便镇住了虬髯客，他看见李世民神采飞扬、神气清朗，不禁感叹道：「此局全输矣！」于是打消了与李世民争夺天下的念头，罢弃而去。后来，虬髯客偏安一隅，自领十万大军渡海东征，当了扶余国的新王，成

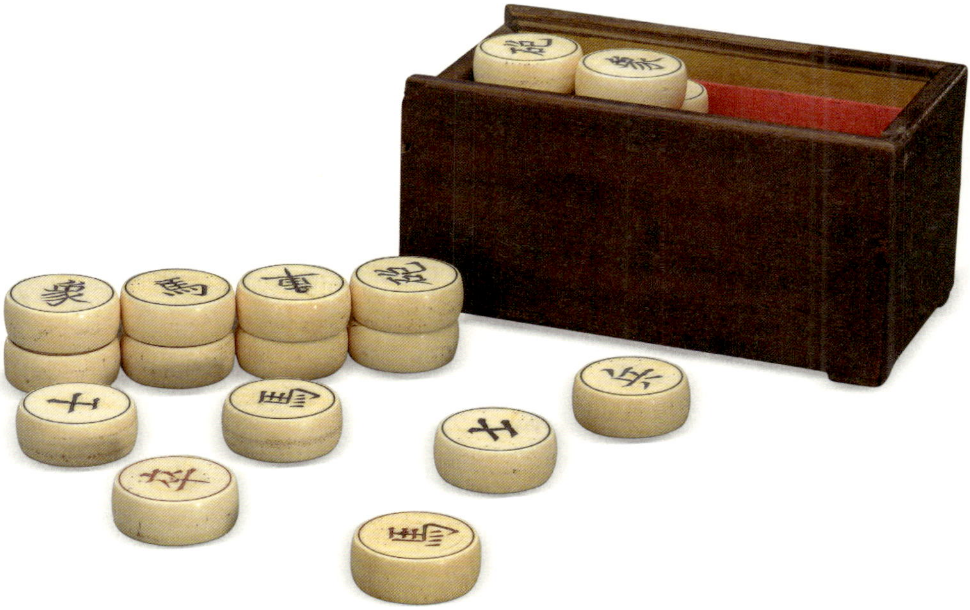

清　象牙雕棋子

明　黑漆棋桌

桌通体髹黑色退光漆，桌面上有活榫，合拢是四足木桌，打开后为八足棋桌。桌正中为活心板，上绘黄地红格围棋盘，背面黄素漆地。棋盘侧镟圆口棋子盒两个，均有盖，分别装黑白棋子一份。棋盘下有方槽，槽内左右各装抽屉一个，内附雕玉牛牌二十四张，雕骨牌三十二张，骨搬子牛牌两份，纸筹两份，搬子筹一份，「文台途器」一份，均带木匣。又有锡钱两串。桌无款，从其漆色及做工判断应为明万历时期作品。

为大唐的有力屏障。一般而言，围棋具有四大特性：一是竞技性；二是休闲娱乐性；三是社会交往性，人们可以以棋交友，以棋会友；四是围棋杂糅了军事、哲学、人文、教育等各种内涵。而唐太宗李世民与虬髯客所下的这盘棋可谓将围棋的这四大特性表现得淋漓尽致。

明　黑漆棋桌（局部）

明 染骨双陆棒及骰子

唐太宗李世民喜欢围棋，而太宗的子孙们则痴迷于一种外国传来的游戏——双陆。双陆亦属棋类游戏，因局中左右各六路故名，也作「双六」，又有握槊、长行、波罗塞戏等别称。

据北宋晏殊考订，双陆始于古印度，也就是《大般涅槃经》所说的波罗塞戏。三国魏黄初年间传入中国，盛行于南北朝至宋元之间，明清以后逐渐衰落。双陆的棋盘为长方形，分左右两阵，前后各六路，称为梁，即前梁与后梁。

每一梁上分别布棋子，称为「马」。以北双陆为例：黑白各十五马，按照「右前六梁、左后一梁各布五马；右后六梁二马；左前二梁三马」的规则布子，黑白对称。据南宋《谱双》称：双陆子有两种，南双陆的子为棋子状，北双陆的子为捣衣椎状。所谓捣衣椎，就是用木料车制的上小下大、平底的造型。日本双陆所用双陆子基本与围棋子相同。

双陆在唐代宫中十分盛行，高宗、武后、中宗、玄宗等帝王以及狄仁杰、杨玉环等重臣贵妃均有与双陆相关的轶闻流传。武则天专权时，不立太子，多为朝臣所忧，而无人敢

明　玉双陆

直谏。李肇在《国史补》中记载，一天，武则天问狄仁杰：「夜梦与人双陆不胜，这是什么预兆？」狄仁杰趁机进言：「双陆不胜，象征宫中『无子』。」借此劝谏武则天尽快立嗣。还有一次，武则天让狄仁杰与她的男宠张昌宗打双陆。狄仁杰很看不起张昌

明　染象牙雕花卉纹双陆棋（一对）

明 掐丝珐琅狮纹双陆棋盘

棋盘长方形，四壁直立，束腰。盘内底沿四边有镀金长方框，两长边上各有十二个小圆点，内嵌螺钿，是为棋位。框内万字锦地上饰七狮戏球纹。盘内壁饰缠枝花。此盘胎体厚重，造型规矩，装饰精美，传世仅此一件。

宗，入局后，武则天问他：「何以为赌？」狄仁杰说，就赌张昌宗所穿的「集翠裘」。结果，狄仁杰赢了那件珍贵的皮衣，但一出门就赏给家奴了，以此表示对张昌宗的鄙夷。

明 隆庆款青花缠枝莲纹蛐蛐罐

时间越往后发展，皇帝们喜欢的游戏和玩具就越发丰富多彩，而且不仅仅限于博弈一类。如明代迁都北京后的第三位皇帝——明宣宗，民间号为「促织皇帝」。促织即蟋蟀，南宋贾似道编撰的《促织经》有云：「凡捉促织必将着竹筒过笼，初秋时于绿野草莱处求之……果是促织所在，用手启其门户，以尖草拯求其出，若不肯出窝者，或将水灌于窝中。」斗蟋蟀是民间农闲时盛行的娱乐，明清文献都说明宣宗极好促织之戏。祖籍江苏的明末诗人吴伟业看到收藏家孙承泽收藏的蟋蟀盆曾咏道：「宣宗在御升平初，便殿进览豳风图。暖阁才人笼蟋蟀，昼长无事为欢娱。定州花瓷赐汤沐，玉粒琼浆供饮啄。戗金髹漆隐双龙，果厂雕盆锦香褥……君王暇豫留深意，棘门霸上皆儿戏。斗

明　宣德款汝釉蛐蛐罐

明　宣德款澄泥蛐蛐罐

清　匏制双凤朝阳蝈蝈笼

鸡走狗漫成功，今日亲观战场利。」

明宣宗在斗蟋蟀上所花费的时间与金钱不断增多，这时候还出现专为皇帝制作的蟋蟀容器。而且因为北京附近的蟋蟀不好用，明宣宗甚至派宦官至各地采办购置，并敕令地方官员协助。明沈德符《万历野获编》记载轶事一则：「我朝宣宗最娴此戏，曾密诏苏州知府况钟进千个。一时语云：『促织瞿瞿叫，宣德皇帝要。』此语至今犹传。」

清 匏制凤纹四开光蝈蝈笼

清 匏制象牙盖蝈蝈笼

清 粉彩蝈蝈纹鼻烟壶

清「德诚斋制」款粉彩菊花蝈蝈盖碗

明宣宗喜欢促织，而乾隆皇帝则看上了民间的泥人。近人徐珂在《清稗类钞》中记载乾隆皇帝南巡，驾至无锡惠山。山下有王春林泥人铺，专售泥人。所卖泥人做工精妙、技巧万端。乾隆皇帝即命制作泥孩儿数盘，并加上锦片、金叶等装饰。进贡内

清 无锡泥人「阿福」

惠山泥人

惠山泥人也叫无锡泥人，当代又称「惠山彩塑」、「无锡彩塑」或「无锡惠山彩塑」，这是以产地冠名的著名民间工艺品。乾隆年间，开始出现泥人作坊，在惠山「上河塘」一带，有钱、袁、朱、蒋四姓人家开设专门经营泥人的手工作坊，前店后坊，制作与销售均自家经营。这一时期的作品都是儿童玩具，亦称「耍货」。已知的品种有蚕猫、车老虎、车状元、车小尼姑下山、小花囡、如意囡、阿福等。乾隆皇帝南巡共六次，徐珂所记不知是哪一次。若此说不诬，那么此时的泥玩具已经达到了「工作精妙，技巧万端」的程度，应是相当精彩的作品。乾隆皇帝订做的泥孩儿很可能就是阿福、花囡等造型。

廷时，皇帝大加赞赏，赏赐金银丝帛甚丰。一直到光绪年间，王春林所做的泥孩儿仍存放在颐和园佛香阁内。

清　泥人张塑八仙像之蓝采和

清　泥人张塑八仙像之曹国舅

清　泥人张塑八仙像之韩湘子

清　泥人张塑八仙像之铁拐李

皇帝的「手办」

正在养心殿屋檐下玩表的溥仪

机械玩具是清宫玩具中极富特点的一种。这类玩具以发条为动力，通过齿轮驱动，凭借机械的手段，模拟人的动作，如写字、行走、表演魔术、跳舞、吸烟、扇扇，表现小鸟轻舞羽翼、婉转鸣啼，展示走兽的复杂动作等等，为宫中生活平添不少乐趣，按照现在的说法，它们完全可以称得上是皇帝们的活动机械「手办」。

清人绘 胤禛妃行乐图轴（十二轴选一）

养心殿东暖阁内景

宣统皇帝的机械玩具

宣统皇帝溥仪在其居住的养心殿就摆设有各种活动机械「手办」，溥仪的堂弟溥佳在《清宫回忆》中讲：「我们最喜欢的还是那些带机器的玩意儿，如大八音盒和假鸟等。鸟笼全是用金丝编织而成，鸟儿也都是用黄金做的，上面涂以各种颜色，简直与真鸟无异。把发条上好以后，悬挂于殿廊之上，登时便会众鸟齐鸣，悠扬婉转，展翅摇翎，真令人有栩栩如生之感。」

又日新

清　木制亭式鸟音笼

清　长方嵌石镀金座鸟音笼

传统的鸟笼本为竹条编制，但这件鸟笼却改为镀金铜丝编制，且造型具有西洋风格。底座内装有控制鸟活动和鸣叫的机械装置。上弦开动后，随着音乐响起，笼中所有的静态景象顷刻发生了变化，两只栖息的鸟开始转头并同时开喙鸣叫，翅膀和尾部不时抖动，树上的蝴蝶振翅欲飞，山石间溪水潺潺流动。鸟音笼是故宫所藏机械玩具中的一个主要品种，不仅数量众多，而且形式多样。这件鸟音笼设计精巧，活动机械装置复杂，是同类藏品中的精品。

清　铜镀金四方跳杠鸟音笼钟及其局部

清 铜镀金四方跳杠鸟音笼钟（局部）

清　铜镀金小鸟音笼钟

清 铜镀金鸟音笼

清 鸟音笼

清 铜镀金乐箱鹧鸪鸟钟

清　铜镀金嵌珐琅转花飞鸟水法钟

清　镀金楼鸟音钟

清　翻顶机械人

据档案的记载，清宫收藏、制造的机械玩具极其精妙，令人大开眼界。乾隆二十九年，西洋某国曾进十八个机械伶人，伶人周身为铜铸，高约一尺，「心腹肾肠皆用关键凑接」，这十八个铜人能演整部《西厢记》。开场前，插钥匙上弦启动，张生、莺莺、红娘、惠明、法聪等人便从箱子里走出，可据剧情所需变换行头。其身段交接、进

退揖让皆活灵活现。演完一出戏，伶人还可自行脱掉行头躺回箱中，下次出场再自行起立。另乾隆五十五年，乾隆皇帝八旬万寿时，两广总督福康安进奉的贺礼中，有一件机械玩具别具匠心。乍看是一个楠木匣，打开木匣后却是一个小屋，屋内放置屏风，屏风前的几案上摆放笔墨纸砚。控制人物动作的机械装置隐藏在几案下。玩具开动后，从屏风右侧走出一位身高一尺左右的西洋少女，徐徐拂去几案上的灰尘，在砚台内注水研墨，接着从架上取出一张红纸铺到几案上。再从屏风左侧走至案前，持笔书写「万寿无疆」四字。写毕放笔，

清　铜镀金染牙镶白石童子风扇（一对）

风扇由基座和童子两部分组成。基座内放置着由发条带动童子动作的机械装置，外层用染色的象牙片粘贴装饰。童子一手持扇，一手握方巾，一副时时听候召唤的姿态，时刻准备着为主人驱暑、擦汗。这对玩具以暑日生活中挥扇纳凉的情景为原型，将复杂的机械传动借助稚嫩清秀的童子来完成，既符合常理又别具巧思。上弦后，童子会手持扇子上下挥动，是一对具有实用功能的玩具。

仍旧返回屏风之后。这件玩具原本只能写汉字，福康安认为如果能把「万寿无疆」写成满、汉两种文字效果更佳，负责制作此件玩具的院吏遂通宵达旦苦思冥想，对机械机构重新改造，满足了福康安的要求。

清　幻术变小孩机械人及其局部

清　铜镀金鸟音魔术人钟

清 洋人戏法钟

钟底座内装有小八音盒，外壳为银錾花须弥座，四足及中框镀金。银座上是小舞台，台柱及台檐缀洋瓷花朵，舞台背景上有船、人、马及鸭子循环运动。一位欧洲妇女手持两个小碗站在八仙桌后面对观众，在悠扬乐曲伴奏下边摇头边变戏法。她拿起杯子，杯子下有两种物品，扣上后再拿起，则变成另外两种物品，如此左右两个杯子可变换八种不同的物品。

清　铜镀金写字人钟及其局部

从现有的文献档案来看，清宫曾拥有不少写字人和写字人钟。据《中西交通史》记载，乾隆三十五年英国人威廉森所制造的能书「八方向化、九土来王」八字的机械人出现在清宫中，这可能是清宫中的第一件写字机械人。此后，乾隆皇帝对写字机械人的兴致与日俱

令人叹为观止的铜镀金写字人钟

此钟钟型为铜镀金四层楼阁。顶层圆形亭内，有两人手举一手卷作舞蹈状，启动后，二人旋身拉开距离，手卷展开，上书「万寿无疆」四字。第二层是钟的计时部分。第三层有一敲钟人，每逢报完三、六、九、十二时后便打钟碗奏乐。底层是写字机械人，是此钟最精彩、新颖，结构最繁复的部分，它与计时部分的机械不相连，是一套独立的机械装置，只需上弦开动即可演示。控制写字部分的主要机械部件是三个圆盘，盘的边缘有凹、凸槽，长短距离不一，这些盘是按照每个笔划、笔锋而特制的。上下两盘分别控制字的横、竖笔划，中盘控制笔的上下移动。写字机械人为欧洲绅士的样貌，单腿跪地，一手扶案，一手握毛笔，开动前需将毛笔蘸好墨汁，开关开启后，写字人便在面前的纸上写下「八方向化，九土来王」八个汉字，字迹工整有神。写字的同时，机械人的头还会随之摆动。这件精美的大型钟是英国伦敦的威廉森专为清宫制作的。

铜镀金写字人钟机械人所书写的「八方向化，九土来王」

清 铜镀金嵌珠珐琅鸟音瓶式表

增，不断命清宫做钟处或如意馆制造，而且还不断令做钟处对其中的一些加以改造，使其除汉字外还能写满、蒙等多种文字。而写字人所书写的语句除「八方向化、九土来王」外，还包括「万寿无疆」、「天下太平」等多种。

清　小八音盒及其局部

尽管文献中留下了不少清宫收藏、制作机械玩具的相关记载，但清代早期和中期机械玩具遗存很少，只有作为钟表的附属而装置的写字人、机械鸟、魔术人完整保留。

故宫博物院庋藏的机械玩具主要有机械人偶、鸟音笼、八音盒等几类。其中机械人偶姿态多样，有童子戏羊机械人、弹琴机械人、吹箫机械人、弹琵琶机械人、跳舞机械人、弹琴耍盘机械人、翻顶机械人、吸烟照镜机械人、

8 Airs 5½ pouces
3 Bells & 9 Dolls
1 Sinfa
2 She pah moh
3 Shang hai mody
4 Pontzi
5 Chun chie lin
6 Lot tee Hunlzin
7 Eewong
8 Eet chin eang
No 66733

清　小八音盒（局部）

清人绘　胤禛妃行乐图轴（十二轴选一）

清 木亭式小八音盒

戏猫机械人、击鼓戏熊机械人、持枪吸烟机械人、自行喊话机械人以及各种变魔术机械人，这些人偶在音乐伴奏下，可表演魔术、杂耍、弹琴、吹箫、跳舞、吸烟等动作。大多是十九世纪末二十世纪初由法国制造。实物机械人偶中数量最多的是魔术机械人偶，清宫遗存有不同时期、各种装扮、年龄各异的多件变魔术机械人偶，其中以瑞士生产的铜镀金鸟音魔术人钟最为精彩，把钟表、鸟音、活动机械人功能三合为一，表演复杂炫目，令人拍案。

清　木亭式小八音盒（打开后）

清 床几式八音盒

清 转人小八音盒

清　镶表八音盒

八音盒正面嵌一个两套两针表。盒盖内侧镶玻璃镜，支起后可通过其看到八音盒里面的机械。机械装置左侧有上弦用的扳手，右侧有三个键，分别负责开关、定乐、换乐。左侧扳手上弦启动后，能奏出钢琴、风琴乐，同时击鼓、敲钟碗，形成合奏。上满弦后，能演奏十几首乐曲。伴随着优美的乐声，通过联动杆，盒前侧花草丛中的小鸟会欢快地跳跃鸣叫，给人身在田园的感觉。

皇帝的「百宝箱」

在清代宫廷遗留的林林总总的珍贵文物中，有一类被当时档案称作「百什件」的最为特别而引人关注。「百什件」，又常写成「百拾件」、「百事件」、「百式件」等，都是极言其多、其杂、其琐细。从实物来看，这类文物一般都是在一个外表四四方方体积不大的箱匣内，令箱中套盒，

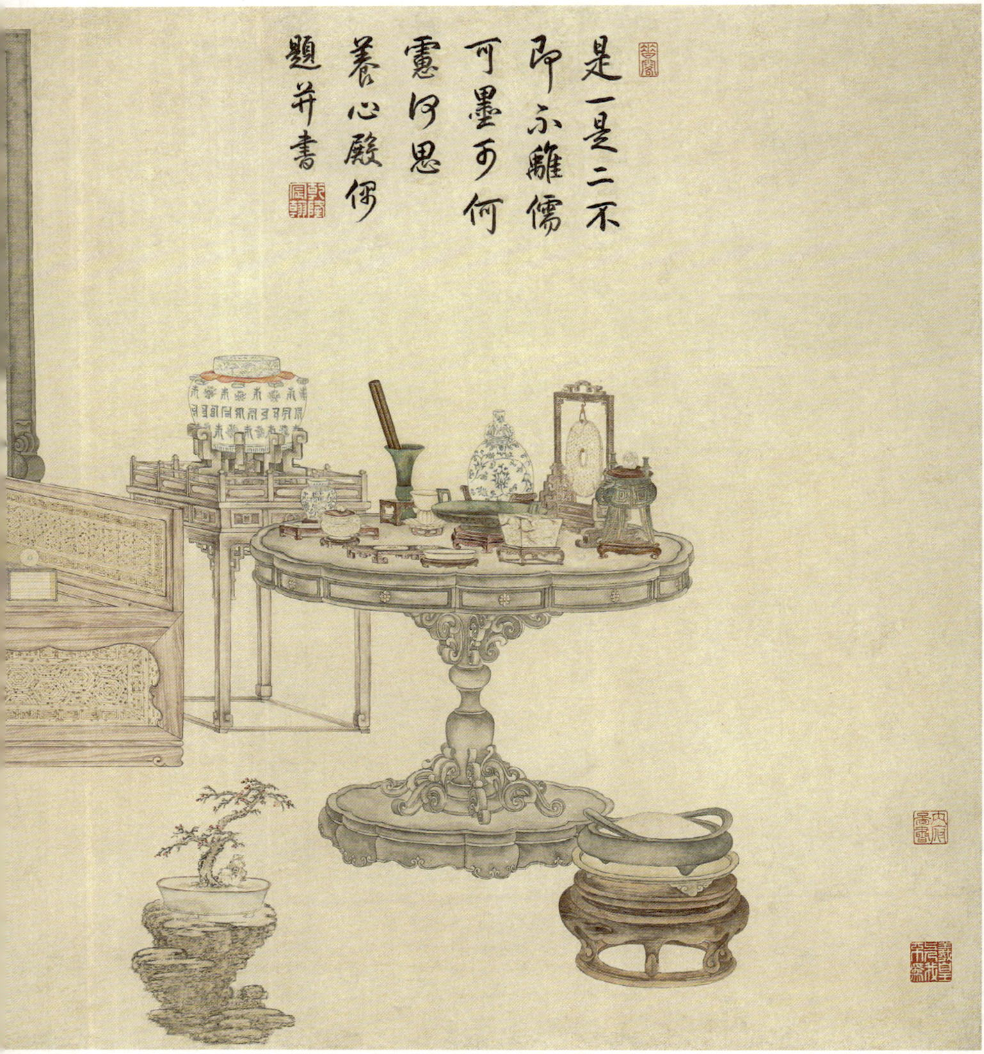

盒中安屉，屉中分格，每格贮珍玩或精致实用的小物一件。这样的一箱中，少者可纳入数件、十数件，多者达到上百件，其中的物件各安其位，各得其所。这些百什件在内廷陈设中的地位极为重要，皇帝日常居处的宫室内几乎都能见到它们的身影。其中，大中型的百什件往往以殿阁

清人绘 弘历（乾隆皇帝）是一是二图

乾隆皇帝的旅行文具箱

箱打开成为长方形小桌，把箱盖、箱底合拢便成桌面。桌腿设计在箱槽内，用活动薄板支撑，再用铜鎏金暗扣固定，设计巧妙。箱全用紫檀木为之，其展开为桌，合闭为箱。箱内设计有两个同样大小的屉盒，每一屉盒都有两层形式各异的多宝格，可以放置六十四件套小巧精细的文房器具，如白玉洗、松花石砚、玉臂搁、笔筒、石章等等，每件器具都有固定的位置，器格按其形状大小而特制，严丝合缝。这些器物均是乾隆皇帝赏玩的文房佳品，其中清代宫廷画家周鲲的设色山水画小手卷、山水

小册页及《类苑俪语》上下二册，形制尺寸小巧，为掌中赏玩之精品。另有双陆棋盒一个，装有棋子、棋盘。箱内还配备有小烛台，烛台上用支架固定铜镀金画珐琅西洋风景图立罩。此文具箱将多种文房器具装于一箱内，随时随地都可打开作为炕桌，用以题诗赋词、处理政务、对弈论棋以及欣赏书画。据造办处档案记载，此套文具箱制成于乾隆二十二年。此箱设计精巧，最适宜外出旅行使用，为清代乾隆时期文房器具中的杰作。

清乾隆　旅行文具箱

为名，如静怡轩四美具百什件、敬胜斋百什件，中小型的则再冠以典雅的专名，如「集琼藻」、「璆琳笥」、「琼瑶薮」等。除了放置于紫禁城内，在行宫及驻跸之地也都保存有百什件，甚至在出行途中也要随身携带诸如「出外百什件桌子」之类的百什件。

旅行文具箱中的绘图器

旅行文具箱中的瓦纽玉章

旅行文具箱中的乾隆款铜印矩

旅行文具箱中的画珐琅人物盖银盒

旅行文具箱中的木柄白玉推胸

旅行文具箱中的铜镀金镂空花盖方盒

旅行文具箱中的发晶兽纽章

旅行文具箱中的「宣德年制」款铜水盂

旅行文具箱中的木框镜

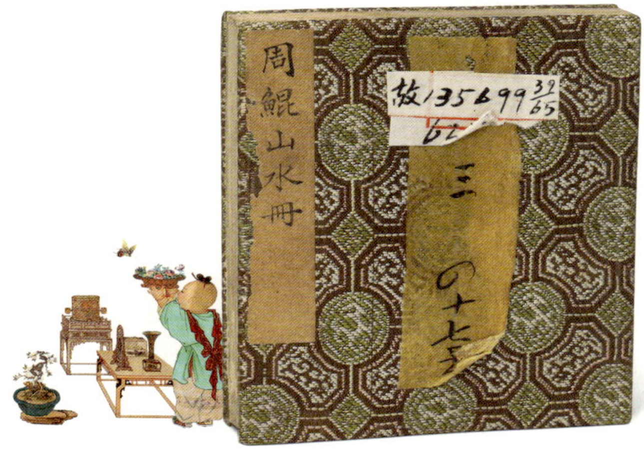

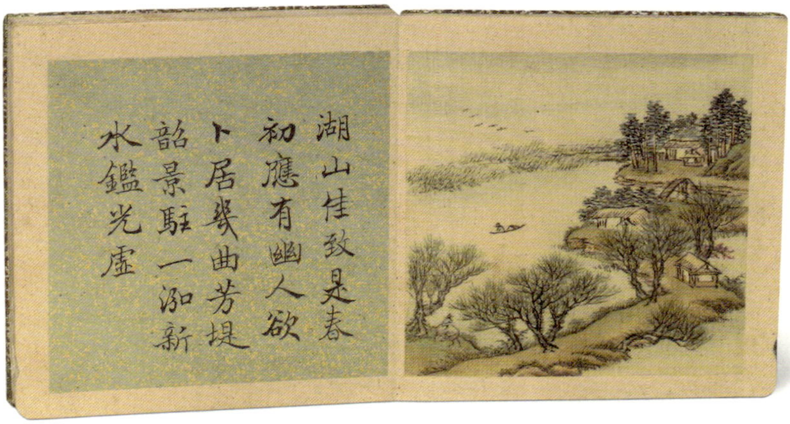

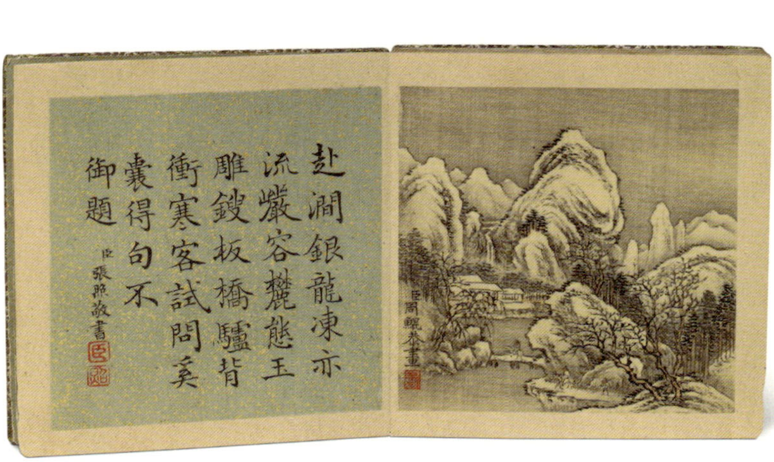

旅行文具箱中的周鲲山水画册

旅行文具箱中的白地青花瓷砚滴

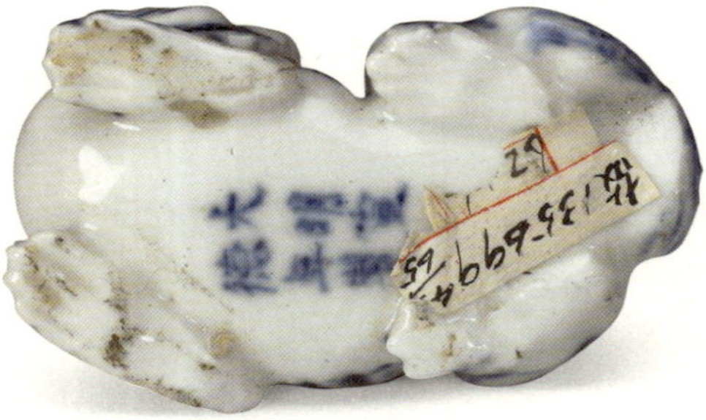

旅行文具箱中的填漆长圆盒

旅行文具箱中的紫漆描金方套盒

清宫百什件的制作热，当然与帝王的好尚与亲身参与密不可分。据内务府档案所载，雍正元年正月二十七日雍正皇帝传旨「将养心殿原陈设的百事（什）件持来朕看」。其中一件康熙五十七年正月初八日交给造办处收着的锦匣内盛百什件一份，共计一百八十八件。可见，至少在康熙晚期，宫中已开始百什件的设计与陈设。而到了乾隆时，由于乾隆皇帝的热衷，百什件更在宫廷造作体系中具有了无可替代的地

清人绘《胤禛（雍正皇帝）行乐图轴》及其局部

位。特别是在执政初年，乾隆皇帝万机余暇的休闲之一，就是审看新做的百什件。乾隆九年他曾传旨：「将现做的百什件，逢五、逢十预备呈览，如月小则二十九日看。」五天一审，足见重视。不但如此，他

清 金漆二层三屉多宝盒

还亲自过问设计、制作的全过程。如「瑾瑜匣」百什件，从乾隆三年三月二十九「匣作」中记其定名开始，直到十三年八月十日还在调整，乾隆皇帝让隶属如意馆的宫廷画师余省为其内紫檀木小格画扇面式画。历时十年，反复修改，务求精益求精。

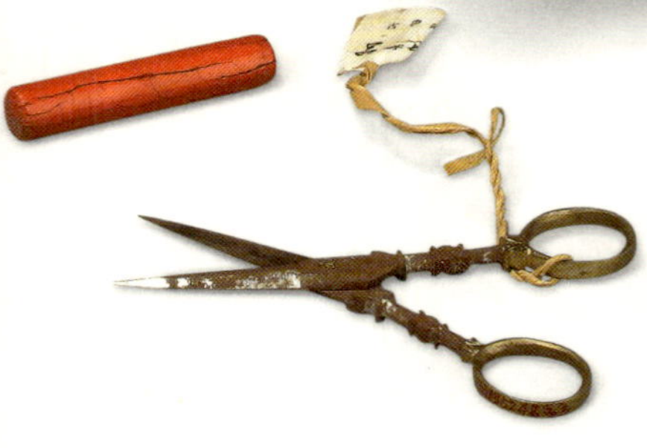

根据实物与档案我们可以简单概括清宫百什件的特点。其一，它建立在皇室收藏的基础上，依托宫廷造作的强大体系，服务于皇家陈设的要求，反映了帝王的好恶与审美，是宫廷工艺具体而微的代表。其二，它体现的是一种成熟的鉴藏理念，每一件珍玩都需经过

清 紫漆描金双鹤文具匣

紫漆描金双鹤文具匣中的描金云蝠八宝纹长方墨

紫漆描金双鹤文具匣中的「惟精惟一」紫毫笔

紫漆描金双鹤文具匣中的
银镶铜梅花纹砚滴

紫漆描金双鹤文具匣中的
白玉夔纹长方佩

筛选、分类、定级，有时还召集术业有专攻的臣僚、艺匠，对其进行初步研究与考证。其三，它将功能性与欣赏性融合无间，利于收贮、便于携带始终是其设计的第一要义，器物间要保有足够的空隙，不影响放置、拿取，匣、屉的启闭开合，每一格按照器物轮廓挖出

清　「汇藻敷春」雕漆匣

的凹槽，都使其中的物件定在自己的位置上，在移动过程中也不会出现碰撞、倾覆、损伤，这是对合格的百什件设计的最基本要求。其四，淡化了具体器物的功能，百什件中的器物或古董或时作的性质，在经过一番创造性的组合后，不仅获得了单件器物所不可能有

清人绘　弘历（乾隆皇帝）古装像轴

清人绘　胤禛（雍正皇帝）行乐图轴

的视觉效果，更令器物间产生了新的关系，从而赋予其新的意义。其五，百什件本质上是空间分割的艺术，打开后纵横高低、参差错落的结构，与合拢后规矩的外形，实际上体现了藏巧于朴的传统思想，只不过这里的「朴」是相对而言罢了。其六，百什件还反映出一种游戏性和趣味性，在层层叠

清 硬木雕云龙匣

叠的格屉间暗蕴玄机，如同小儿捉迷藏般，在不断的开合之间，让人领略到寻找带来的惊喜。还有一些物件明明就在眼前，可是找不到机关就打不开摸不着，就像玩具一样，有解谜的乐趣。更何况对于皇帝来说，亲身参与设计的过程，那种创造的快感，也是别的活动所代替不了的吧。

本书内容节自《紫禁城》二〇一四年二月号谢贵安《皇上怎么玩》、万秀锋《小皇帝的玩具》、王连海《皇帝的玩具》、关雪玲《「鸟音笼」、「写字人」、「魔术人」》、刘岳《皇帝的小玩意》。